AF358068

VENTE

pour cause de départ de M. LANG

TABLEAUX

Anciens et Modernes

AQUARELLES - DESSINS

Matériel, Chevalet, etc.

HOTEL DROUOT — SALLE N° 9

Le Samedi 18 Juin 1904

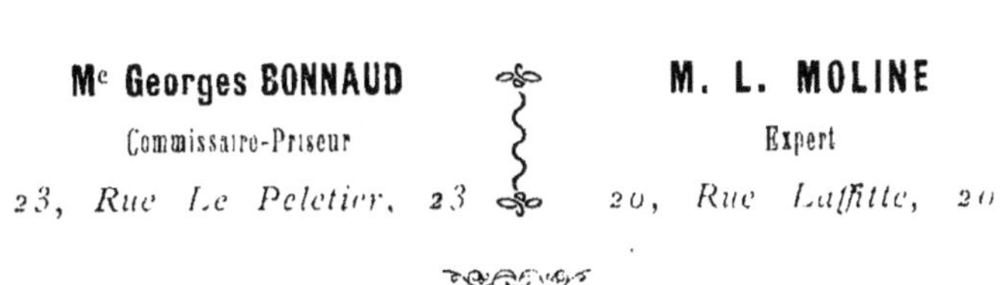

Mᵉ Georges BONNAUD	M. L. MOLINE
Commissaire-Priseur	Expert
23, Rue Le Peletier, 23	20, Rue Laffitte, 20

Exposition publique

LE VENDREDI 17 JUIN DE 2 H. A 6 H.

CONDITIONS DE LA VENTE

Elle sera faite au comptant.

Les acquéreurs paieront 10 o/o en sus des adjudi-
cations.

L'exposit'on mettant le public à même de se rendre
compte de l'état des objets, il ne sera admis aucune
réclamation une fois l'adjudication prononcée.

DÉSIGNATION

PEINTURES

ARRÈS

1 — Terrassier dans les vignes.

BAUDUIN

2 — Paysanne dans une brouette.

BEAUVERIE

3 — Paysage.

BERGHEIM (Genre de)

4 — L'Abreuvoir.

BERTHON (N.)

5 — Etude d'Auvergnate.

6 — Etude d'Auvergnate.

BLUM (M.)

7 — La Lettre.

BOGGS

8 — Jetée d'Honfleur.

BORGELLA

9 — Etude de femme nue.

10 — Femme nue sortant du bain.

BOURGOUNIER

11 — Etude de fondeur.

BRIELMAN

12 — Fête au Perreux.

BUSSON (Ch.)

13 — Prairie. Vaches.

CAGNIARD

14 — Lac de Genève.

CALVÈS

15 — Fleurs , Capucines.

16 — Chevaux à l'abreuvoir.

17 — Repos pendant la moisson.

CAPDEVILA

18 — Tête de vieillard.

CARANZA

19 — Chien.

20 — Nature morte : Huitres et bouteille.

CASCIARO

21 — Effet de lune à Naples.

CHARLÈS (A.)

22 — Brioches et gobelet.

CLARY (E)

23 — Les Andelys, paysage.

COLLINET

24 — Jetée de Trouville.

DAMERON

25 — Vache au pâturage.

DANSAERT

26 — Retour du soldat.

DARCY

27 — Cuisinière bretonne.

DEBON (Ed.).

28 — Paysage. Maisons.

DELAUNAY (J.)

29 — Seigneurs à cheval.

3o — Esquisse : Mme de Pompadour.

31 — Etude femme assise.

32 — Cardinal en prière.

33 — Artilleurs. Effet d'orage.

34 — Artilleurs au repos.

35 — Cuirassier au repos.

DELPY (Fils)

36 — Bords de la Marne.

DIDIER

37 — Fleurs (2 toiles).

DIEUDONNÉ (E.).

38 — Paysage : Bord de l'eau.

DUCHEMIN (D.)

39 — Paysage. Pêcheurs.

DUTZCHOLD

40 — Tas de foin.

ECOLE FRANÇAISE

41 — Maréchalerie.

42 — Saint Jean.

ESPINASSE

43 — Prunes et chaudron.

ETTMULLER (D')

44 — Chevrière dans les ruines.

45 — Jardinier du couvent.

46 — Lendemain de fête.

FERRON

47 — Intérieur de ferme.

48 — A la brasserie.

FOURRIÉ (Alb.)

49 — Femme dans les blés.

FRÈRE (Ch.)

5o — Fête champêtre (Etude).

GIRARD (Hte)

5ı — Paysage : Ecouen.

GIRARD (H.)

52 — Meules.

GROSEILLER (M.)

53 — Etude de Montagne (Alpes).

GUÉRY (A.)

54 — Paysage.

55 — Lavoir à Pontgibard.

HACKMANN

56 — Marine : Orage.

HERPIN

57 — Sainte Brelade près Jersey.

INNOCENTI

58 — Etudes paysage. (Deux panneaux).

JOHANSON

59 — Marine : Cuirassés.

60 — Pêcheuses à marée basse.

61 — Effet de lune à Berk.

JONQUE (A.)

62 — Dame au chat.

ROTH (C.)

63 — Portrait de femme.

LAFON (F.)

64 — Etudes femmes nues.

65 — Femme à l'Ecran.

66 — Fille de ferme.

67 — Femme à l'Enfant.

68 — Gendarme 1792.

69 — Prunes et fleurs.

LAPITO

70 — Sous bois : Fontainebleau.

LAYNAUD (E.)

71 — Marine : Effet de nuit.

72 — Le Tréport. (Bateaux).

LECLÈRE

73 — Déjeuner de bébé.

LE POITTEVIN (L.)

74 — Dindons.

75 — Automne (Moutons).

LE POITTEVIN (L.)

76 — Vieux pont de la Roche-Guyon.

77 — Bord de l'eau (Etude).

78 — Coucher de soleil.

LEVIGNE

79 — Vaches à l'Abreuvoir.

MAINCENT (G^{re})

80 — Pont de Saint-Cloud.

MARTY Y ALSINA

81 — Jeune grecque.

MEIFFREN

82 — Canal aux Martigues.

MARIGNY (Michel)

83 — Dernière étape d'un joueur.

NOC

84 — A la Taverne.

OLIVE

85 — Marine : Environs de Marseille.

PÉCRUS

86 — Bateau de pêche.

87 — Bateau de pêche (Etude).

88 — Jetée de Trouville (Etude).

PERRASSIN

89 — Repos sur les arbres.

90 — Retour des Champs.

PIOU (J.)

91 — Gardes-nationaux chez le marchand de vins.

PLANQUETTE

92 — La Seine à Paris (coucher de soleil).

93 — La marée d'Interville (Cotentin).

94 — Place de la Concorde.

PLASSANS

95 — Saint-Waast (Etude).

PRINS

96 — Paysage.

RENAULT

97 — Villerville (Paysage).

RENIÉ

98 — Effet de neige.

ROSALBIN

99 — Dénicheurs d'oiseaux (Etude).

ROUBY (A.)

100 — Pot-au-feu.

101 — Oranges et vases.

ROSZEWSKY

102 — Fillette et l'Abbé.

ROUSSEAU (A.)

103 — Paysanne normande.

ROYER (Ch.)

104 — Buste de jeune femme.

SAIN (P.)

105 — « Billancourt ».

SALMSON (Hugo)

106 — Rêverie.

SARDEY

107 — Portrait de Melingue (Don César de Bazan).

SAUSSAY

108 — Saint-Waast (Etude).

SCHMITT (P.)

109 — Jetée du Havre.

TRUPHEME

110 — Le parc de Vichy.

VALLÉE (E.-M.)

111 — Parc aux Chèvres à Saint-Denis.

112 — « Saint-Adresse ».

113 — Ile Saint-Denis.

VAN DEN BOS

114 — Coucher de soleil à Luxembourg.

VÉRON (A.-R.)

115 — Ile de la Grande Jatte.

VERSAILLES (E.)

116 — Paysage.

117 — Pot de fleurs : muguet

VOGLER

118 — Pâturage.

VOIRET (G.)

119 — Œufs, pommes, légumes.

WASHINGTON

120 — Sujet Arabe (esquisse).

121 — Baignade de chevaux (Algérie).

WUCHERER

122 — Bords de l'Oise.

WYNS

123 — Rentrée du troupeau.

AQUARELLES, DESSINS

PASTELS

ANDRÉAS

124 — La toilette (aquarelle).

BUZZI (A.)

125 — Visite à Venise (aquarelle).

COLIN (L.)

126 — Fêtes franco-russe, place de l'Opéra (pastel).

DIEUDONNÉ

127 — Noce au Caire (fusain).

GIRAUD (E.)

128 — Guerrier à l'Arc (dessin).

JUNDT

129 — Souvenir du Carnaval de Nice (pastel).

HAWKINS

130 — L'Africaine (aquarelle).

GUIGNÉ (A.)

131 — Effet de neige à Montmartre (aquarelle).

HUGUET (V.)

132 — Vue de Stamboul (aquarelle).

YVON

133 — Sous bois (sépia).

134 — Sous ce numéro tableaux et dessins non catalogués.

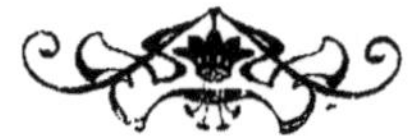